CONFÉRENCES

DE L'EXPOSITION UNIVERSELLE INTERNATIONALE DE 1889.

LA COLONISATION FRANÇAISE AU SAHARA,

PAR

M. GEORGES ROLLAND,

INGÉNIEUR AU CORPS DES MINES.

3 JUILLET 1889.

PARIS.

IMPRIMERIE NATIONALE.

M DCCC XC.

LA

COLONISATION FRANÇAISE

AU SAHARA.

N° 8.

CONFÉRENCES

DE L'EXPOSITION UNIVERSELLE INTERNATIONALE DE 1889.

LA

COLONISATION FRANÇAISE

AU SAHARA,

PAR

M. GEORGES ROLLAND,

INGÉNIEUR AU CORPS DES MINES.

3 JUILLET 1889.

PARIS.

IMPRIMERIE NATIONALE.

M DCCC XC.

LA
COLONISATION FRANÇAISE
AU SAHARA.

Mesdames, Messieurs,

J'ai l'honneur de venir vous entretenir d'un nouveau genre de colonisation, qui s'est implanté dans le Sud algérien depuis la dernière Exposition de 1878 et que vous pouvez voir aujourd'hui déjà occuper une place importante à la section algérienne de l'Exposition de 1889, à l'Esplanade des Invalides : c'est la colonisation du Sahara.

Cette colonisation nouvelle, — à laquelle je puis dire que j'ai pris une part active et que j'ai cherché à faire connaître en France dans ces dernières années, — consiste essentiellement à entreprendre au Sahara la culture et l'exploitation d'oasis de palmiers-dattiers, ou mieux encore, à créer de nouvelles oasis en plein désert pour les exploiter ensuite.

Créer au Sahara de nouveaux centres de culture et de population, conquérir sur le désert des régions stériles, mais irrigables, les fertiliser par l'irrigation et les transformer en oasis productives : telle est, en quelques mots, la partie vive du programme.

L'opération peut sembler originale au premier abord; mais quand on l'étudie, on reconnaît qu'elle est pratique, basée sur des données sérieuses, excellente pour les capitaux privés qui l'entreprennent.

C'est, de plus, une œuvre d'un intérêt général. Aussi a-t-elle reçu déjà, bien que de date fort récente, de nombreux témoignages de sympathie et d'encouragement, et le Comité d'organisation des congrès et conférences de l'Exposition universelle de 1889 a jugé que la question méritait de figurer parmi celles qui devaient être traitées ici.

Tout le monde connaît aujourd'hui, tout au moins de nom, la région du Sahara algérien qui a vu s'accomplir cette œuvre de création agricole et de colonisation avancée : c'est l'Oued Rir', grande région d'oasis qui se trouve au sud de Biskra et dont la capitale est Tougourt (fig. 1).

L'Oued Rir' a souvent été citée comme une des contrées les plus riches de l'Afrique du Nord en eaux artésiennes, et aucun de vous n'ignore les remarquables travaux de sondages qui ont été exécutés dans ce pays depuis la conquête française sous la direction de M. l'ingénieur Jus.

Des entreprises françaises de colonisation sont également installées dans les Zibans (ou le Zab), autre grande région d'oasis, qui se trouve située moins loin dans le Sahara algérien et dont Biskra est la capitale (fig. 1).

D'autre part, l'exemple de l'Oued Rir' est suivi dans le Sahara tunisien, près de Gabès, où l'on entreprend également, depuis quelques années, une œuvre tout à fait semblable de forages artésiens, d'irrigations et de mise en valeur de terrains incultes.

Ainsi donc, un nouveau et vaste champ s'offre désormais à l'activité française dans le Sud algérien et tunisien.

Nous avions déjà, sur le littoral et dans le Tell, une première zone de colonisation, la principale, celle qu'on peut appeler la zone de *colonisation proprement dite* ou de *colonisation intensive*, avec les céréales, les vins et de nombreux produits; nous avions ensuite, sur les hauts plateaux, une seconde zone de colonisation, celle-ci moins importante, qui peut être définie la zone de *colonisation industrielle et pastorale*, avec l'alfa, les laines et les moutons; au delà, vers le Sud, nous avons maintenant, dans le Sahara, un troisième genre de colonisation : c'est la *colonisation saharienne*, avec les plantations de palmiers-dattiers.

Bien entendu, il ne s'agit plus là de *colonies de peuplement*, comme sur le littoral et dans le Tell, comme aussi sur les hauts plateaux; car il serait impossible à l'Européen de s'adonner au travail de la

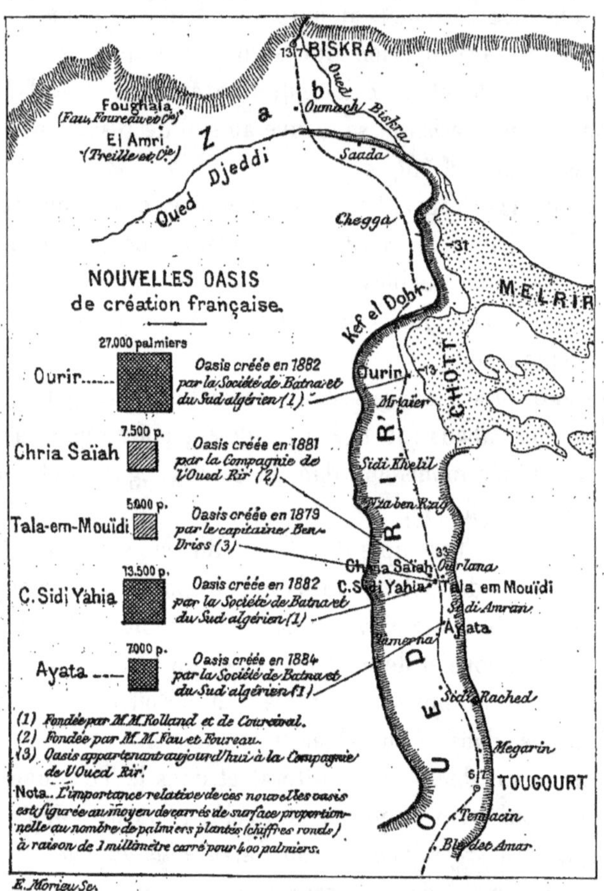

Fig. 1. — L'Oued Rir' et ses nouvelles oasis de création française, en 1888.

terre sous le climat brûlant du Sahara. Au Sahara, on ne peut songer qu'à des *colonies d'exploitation*, où le rôle des Européens devra se borner à diriger et à surveiller la main-d'œuvre indigène.

Les entreprises françaises de colonisation saharienne n'en sont pas moins fort intéressantes, et l'œuvre qu'elles poursuivent est bonne à tous égards : bonne comme exemple donné aux capitaux français, bonne pour le développement des ressources du sol algérien et pour l'extension de l'influence française en Afrique, bonne pour l'amélioration du sort des indigènes et pour leur accès graduel aux idées de civilisation et de progrès.

I

Les oasis sahariennes se composent principalement de palmiers-dattiers, formant de véritables forêts et abritant d'autres cultures sous leurs ombrages.

Le *palmier-dattier* a été appelé avec raison l'arbre nourricier du Sahara. Il vient dans les sols les plus ingrats; mais ce qu'il exige avant tout, pour bien pousser et bien produire, c'est de l'eau, beaucoup d'eau à son pied. Aussi toute oasis occupe-t-elle un emplacement dont le sol peut être irrigué d'une manière ou d'une autre.

Il y a des palmiers mâles et des palmiers femelles. Les palmiers femelles portent de grandes grappes de fruits, appelées *régimes de dattes* (fig. 5); mais ces fruits ne sauraient se former et se développer si le pollen du mâle ne fécondait pas chaque régime femelle. Pour plus de sûreté, les indigènes font eux-mêmes la fécondation à la main, vers le mois d'avril; un palmier mâle suffit ainsi à quatre cents palmiers femelles environ. On distingue au Sahara autant de variétés de palmiers et de dattes que, chez nous, de variétés de poires ou de pommes. La datte fine et transparente, appelée *deglet nour* (datte de la lumière), est une variété hors pair, dont le prix est notablement plus élevé que pour les autres.

Cette variété fine est, d'ailleurs, relativement rare au Sahara, et, de plus, sa qualité varie beaucoup d'une région à l'autre, suivant les conditions naturelles de climat, d'altitude, de sol et d'irrigation. Tout comme nos vins de France, les dattes d'Afrique ont leurs crus, plus réputés les uns que les autres, et de même qu'il n'y a au monde aucun vin qui égale les bordeaux, les bourgognes, de même, pour trouver des dattes vraiment fines, sucrées et savoureuses, il faut aller dans le Sud de la province de Constantine et de la Tunisie : le Souf et l'Oued Rir', en Algérie, le Djérid, en Tunisie, voilà les premiers crus de dattes.

Les autres variétés de dattes peuvent être divisées en deux grandes classes : les dattes *molles*, qu'on presse dans des peaux de bouc et qu'on voit vendre en pains dans les marchés arabes, et les dattes *sèches*, qui ne collent pas et dont le nomade en route met quelques poignées dans son burnous, pour la journée. Ces dattes communes sont, en général, consommées par les indigènes, trop pauvres, sauf dans les villes, pour s'offrir des dattes fines.

Le *couscous*, autrement dit une farine tirée du blé et préparée d'une manière spéciale par les femmes, et les *dattes*, telles sont les deux bases principales de l'alimentation des indigènes, tant dans le nord de l'Algérie que dans le sud; d'où un mouvement forcé d'échange entre les céréales du Tell, d'une part, et les dattes du Sahara, de l'autre.

Quant à la datte fine, elle est l'objet d'exportations déjà importantes en Europe et en Amérique, où sa consommation tend à se développer, et où elle sera de plus en plus appréciée, quand on connaîtra mieux ce fruit délicat, arrivant directement du pays d'origine, à l'état naturel et frais : la vraie datte saharienne.

En somme, la datte est une denrée comme une autre, qui a ses marchés et qui trouve acheteur. Il n'est donc pas plus ridicule de faire de la datte au Sahara que du blé en France ou du riz aux Indes.

A chaque pays ses cultures. Autant planter des palmiers au Sahara que de la vigne sur le littoral de l'Algérie ou dans le midi de la France. Les produits, il est vrai, se font attendre plus longtemps; mais, en revanche, il y a moins d'aléa : le palmier n'a pas de phylloxéra, et il vit plus de cent ans.

Le palmier se reproduit non pas par semis, mais par bouture. Si l'on semait des noyaux de dattes, on n'obtiendrait que des palmiers sauvages ou des mâles; mais en détachant des palmiers femelles les rejetons qui poussent au pied du tronc, et en les replantant, on obtient des palmiers de même sexe et la même variété.

Le temps nécessaire au rejeton planté pour arriver à production dépend beaucoup des soins dont on l'entoure : irrigation, fumure, travail de la terre, etc. Certains sujets arrivent à donner quelque récolte au bout de cinq à six ans. Mais, en moyenne, dans de grandes plantations, il faut compter dix ans pour obtenir un rapport satisfaisant et douze à quinze ans pour atteindre le plein rapport.

Quant au rapport du palmier, il est tout ce qu'il y a de plus inégal, suivant les variétés qu'on cultive et suivant les régions dont il s'agit. On peut admirer chez M. Duffourg, à la ferme créée par son père dans la plaine d'El Outaya, près de Biskra, des palmiers âgés de quinze ans qui rapportent 45 et 50 francs par arbre dans une année favorable. Ailleurs, on rencontrera, dans les Zibans, des jardins plantés d'espèces communes et mal irrigués, qui ne donnent pas 0 fr. 50 par pied. Dans l'Oued Rir', j'estime qu'avec des soins convenables, le deglet nour doit rapporter 10 francs par arbre, bon an mal an, net des frais de culture proprement dite, et les palmiers d'espèces communes environ 2 francs en moyenne : soit, l'un dans l'autre, avec une proportion suffisante de deglet nour dans les plantations, 4 à 5 francs par arbre.

A raison de deux cents palmiers par hectare, règle adoptée par nous dans nos plantations, le palmier-dattier peut donc arriver à rapporter jusqu'à 1,000 francs par hectare.

On voit que le Sahara ne mérite pas toujours sa réputation de stérilité. Bien au contraire, les trop rares parties du désert qui sont susceptibles d'irrigation possèdent, grâce à cet arbre précieux, le palmier-dattier, une force de production dont on ne trouve l'équivalent que dans les territoires les plus fertiles des pays les plus favorisés par la nature et le climat.

De plus, à l'ombre des palmiers, on peut faire d'autres cultures, qui, sans lui, seraient presque impossibles sous un soleil aussi brûlant. Les indigènes cultivent ainsi des céréales, orge, sorgho, maïs, etc.; des légumes, poivre rouge, fèves, melons, pastèques, etc.; des arbres à fruits, figuier, grenadier, abricotier, olivier, vigne, etc.; des herbages, tels que la luzerne, et aussi du henné, du kif, de la garance, du tabac, etc. Notons encore le coton longue soie, qui vient parfaitement dans l'Oued Rir'.

Toutefois il faut reconnaître que la plupart de ces cultures accessoires ne sauraient convenir à une exploitation en grand et à l'européenne, où l'on ne doit songer qu'à des cultures simples et de grand rapport. Divers essais d'acclimatation ont déjà été commencés par nous dans l'Oued Rir' : il sera intéressant de les poursuivre, et il est à espérer que plusieurs réussiront; car s'il est vrai que le climat est rude et que le sol est ingrat, on peut faire beaucoup avec du soleil et de l'eau, et ni le soleil ni l'eau ne nous feront défaut.

Signalons aussi, à propos des opérations que l'on peut entreprendre au Sahara, l'élevage des autruches pour leurs plumes. Le Sahara est en effet la patrie naturelle de l'autruche dite « de Barbarie », race la plus réputée pour la beauté et la valeur de son plumage. Avant peu, nous comptons essayer cet élevage.

II

L'Oued Rir' peut être comparée à une petite Égypte avec un Nil souterrain.

Cette région se trouve située dans les plaines sahariennes qui s'étendent au sud des massifs montagneux de la province de Constantine, au delà de Biskra (fig. 1).

A proprement parler, c'est une vallée qui descend du Sud au

Nord et aboutit au sud-ouest du chott Melrir; le lit mineur de cette vallée est représenté par une zone de bas-fonds, *chotts* et *sebkha*, le long de laquelle s'échelonnent une série d'oasis prospères. Les oasis de l'Oued Rir' commencent, au Nord, à Ourir, située à 100 kilomètres au sud de Biskra, et se succèdent sur 130 kilomètres vers le Sud : Mraïer, Ourlana, Tougourt, etc.

L'existence de cette série d'oasis est liée à la présence d'un grand réservoir d'eaux artésiennes à haute pression, qui règne souterrainement, à l'aplomb de la zone des bas-fonds de la surface, et dont on peut faire jaillir l'eau en abondance, au moyen de puits suffisamment profonds.

J'ai décrit le régime des eaux artésiennes de l'Oued Rir' et indiqué l'allure de la zone aquifère qui serpente à une profondeur moyenne de 70 à 75 mètres sous la vallée. C'est une sorte de *rivière* ou plutôt d'*artère souterraine.*

J'ai traité ensuite le même sujet, avec plus de développement, dans ma brochure sur *l'Oued Rir' et sur la Colonisation française au Sahara*[1], puis, avec de nouvelles additions, dans le rapport dont je viens d'être chargé pour le prochain Congrès international de l'utilisation des eaux, rapport auquel je me permettrai de renvoyer[2].

Depuis 1856, année de la conquête de la région de l'Oued Rir' et de la prise de Tougourt par les troupes françaises, des travaux de sondages y ont été entrepris et poursuivis avec persévérance sous la direction, aussi habile que dévouée, de M. l'ingénieur Jus. Au 1er octobre 1885, l'Oued Rir' comptait 114 puits jaillissants français, tubés en fer, et 492 puits jaillissants indigènes, simplement boisés, et tous ces puits réunis débitaient, en y ajoutant quelques sources naturelles, 253,698 litres d'eau par minute, soit

(1) En vente chez Challamel, éditeur.

(2) G. Rolland. — Rapport sur l'utilisation des eaux artésiennes du bas Sahara (*Compte rendu détaillé des travaux du Congrès international de l'utilisation des eaux fluviales*, Exposition universelle de 1889).

4 mètres cubes d'eau par seconde : cela équivaut au dixième environ du débit de la Seine dans ses basses eaux, ou encore au débit de cours d'eau assez importants pour donner leurs noms à des départements.

Tel puits jaillissant de l'Oued Rir' débite 6,000 litres par minute (fig. 2), tel autre 5,000 litres; les puits de 3,000 et 4,000 litres sont nombreux (fig. 3). Règle générale, les puits français tubés, dont certains datent aujourd'hui de trente ans, n'ont pas varié de débit depuis leur exécution, et chaque nouvelle campagne de sondage a marqué une augmentation rapide dans le total des eaux disponibles.

Grâce à l'accroissement graduel des irrigations, les oasis indigènes qui dépérissaient, faute d'eau, lors de notre arrivée dans ce pays, sont peu à peu redevenues fertiles. Presque tous les palmiers, auparavant vieux et de mauvais rapport, ont été abattus et remplacés par de jeunes arbres; de nouveaux jardins ont été plantés autour des anciens, et l'étendue des terres cultivées a été doublée.

Aujourd'hui l'Oued Rir' compte 43 oasis, à peu près 520,000 palmiers en plein rapport, plus de 140,000 palmiers d'un à sept ans et environ 100,000 arbres fruitiers. La production annuelle en dattes représente une valeur de plus de 2,500,000 francs, en l'état actuel, et en prenant 0 fr. 25 comme prix moyen du kilogramme des diverses dattes du pays, sur place.

Que si l'on cherche à se rendre compte de la valeur représentée actuellement par l'ensemble des oasis de l'Oued Rir', jardins, puits artésiens, maisons, et qu'on la compare à ce qu'elle était en 1856, avant les sondages, on trouve qu'en trente ans elle a quintuplé et même davantage. Comme conséquence de l'accroissement de la production agricole et des ressources de toutes sortes, la population indigène a très notablement augmenté pendant la même période : elle a plus que doublé.

Les habitants de l'Oued Rir' ou Rouara sont actuellement au

Fig. 2. — Puits n° 4 de Sidi Amran, foré en 1884, près de l'oasis indigène de ce nom, et débitant 6,000 litres d'eau par minute.
(D'après une photographie de M. le lieutenant Clottu.)

nombre d'environ 13,000, répartis dans 31 centres de population.

Sédentaires et laborieux, leurs intérêts les rapprochent de nous et les éloignent des Arabes nomades. Avant tout, ce sont des cultivateurs, très attachés à leur sol et ne demandant qu'à vivre en paix.

La paix la plus absolue règne parmi ces populations intéressantes, qui savent de quels bienfaits elles sont redevables à la France, et dont la fidélité reconnaissante ne s'est pas démentie un seul jour depuis la conquête, même au milieu des plus graves insurrections de l'Algérie.

Le pays est gouverné par un agha indigène, placé sous les ordres de l'autorité militaire et résidant à Tougourt.

Tougourt est une ville de 4,500 habitants, avec une mosquée, une kasba, une école franco-arabe et avec un marché hebdomadaire, dont l'activité tend à se développer. Cette ville occupe une position remarquable dans le mouvement des échanges du Sud, et son importance commerciale grandirait rapidement du jour où elle serait reliée à Biskra par un chemin de fer.

III

Le premier colon français qui ait compris l'intérêt de la culture du palmier est le regretté M. Duffourg, ancien maire de Biskra, qui commença, il y a plus de vingt-cinq ans, des plantations d'une certaine importance à sa ferme d'El Outaya, en même temps qu'il y essayait avec succès et sur une assez grande échelle la culture du coton. Des sociétés françaises se fondèrent ensuite et se mirent à faire de l'agriculture au Sahara, soit dans les Zibans, soit dans l'Oued Rir' (fig. 1).

En 1878, MM. Fau, Foureau et Cie, MM. Treille et Cie achetaient aux Domaines les anciennes oasis indigènes de Foughala et d'El Amri, dans les Zibans.

En 1879, le capitaine Ben Driss donnait l'exemple de la création d'une oasis artificielle et artésienne, au milieu des steppes incultes qui s'étendent vis-à-vis d'Ourlana, dans la région centrale de l'Oued Rir'; il faisait exécuter avec succès un sondage et plantait 5,000 palmiers sur les pentes du mamelon de Tala-em-Mouidi, que domine aujourd'hui un bordj d'apparence monumentale; au sommet du mamelon jaillit en bouillonnant un puits magnifique, qui donne 5,000 litres par minute, avec une chute d'eau suffisante pour actionner un moulin.

Non loin de là, MM. Fau et Foureau faisaient naître, à leur tour, en 1881, la nouvelle oasis du Chria Saïah, où ils ont foré un puits de 3,000 litres et planté 7,500 palmiers.

L'année précédente, en 1880, j'avais moi-même visité l'Oued Rir', au cours de la mission de Laghouat-El Goléa-Ouargla-Biskra, que dirigeait M. l'ingénieur en chef Choisy et dont je faisais partie comme ingénieur des mines.

Parmi les diverses régions d'oasis du Sahara algérien, l'Oued Rir' m'apparut comme la plus intéressante, en raison de son magnifique bassin d'eaux artésiennes, et comme offrant, au point de vue agricole, des ressources comparables à celles des plus belles parties de l'Algérie, même du littoral. Dès mon retour, je signalai l'avenir qui me semblait réservé à cette région et le grand développement dont elle était susceptible par la colonisation.

Désireux de prouver que j'avais la foi la plus entière dans ces affirmations, je n'hésitai pas à payer d'exemple, et je fis, en 1880, l'acquisition d'une partie des steppes de Sidi Yahia, pour y entreprendre des plantations; en même temps, M. le marquis de Courcival, ancien officier de l'armée d'Afrique, qui connaissait depuis longtemps l'Oued Rir', achetait, avec des intentions semblables, la petite oasis d'Ourir et les terrains environnants. Nous résolûmes de réunir nos efforts, et nous fondions, en 1881, une société agricole, dite *Société de Batna et du Sud algérien*, dans laquelle entrèrent quelques-uns de nos amis et dont j'ai dirigé les opérations depuis l'origine. M. Jus, le vieux sondeur du Sud, devint notre directeur en Algérie.

Fig. 3. — Puits Rolland, foré en 1882, sur le mamelon du C. Sidi Yahia, propriété de la Société de Batna et du Sud algérien, et débitant 3,800 litres d'eau par minute.
(D'après une photographie de M. le lieutenant Clollu.)

Nous commencions aussitôt de grands travaux de sondages, de plantations et d'installations dans l'Oued Rir', — travaux qui ont été poursuivis avec vigueur et sans interruption jusqu'à ce jour, et qui représentent l'œuvre de création agricole de beaucoup la plus importante qui ait été entreprise et menée à bien par l'initiative privée dans le Sud algérien.

A nous seuls, nous avons créé de toutes pièces trois oasis et trois villages : d'une part, à Ourir, en tête de l'Oued Rir', au Nord; d'autre part, à Sidi Yahia et à Ayata, dans la région centrale. Nous avons foré dix puits jaillissants, dont les débits réunis atteignent le volume de 29 mètres cubes d'eau par minute (fig. 3); défriché et mis en valeur 400 hectares de terrains auparavant stériles; planté près de 50,000 palmiers (fig. 4), dont plus d'un quart d'espèce fine, proportion inusitée dans les oasis de l'Oued Rir'; creusé plus de 40 kilomètres de fossés d'écoulement; construit enfin des bordjs pour nos agents français, des maisons ouvrières pour nos cultivateurs indigènes et de grands magasins pour nos produits (fig. 4 et 5).

Les entreprises dont il s'agit là sont, il faut le remarquer, libres de toute attache officielle et ne comportent aucune concession de terrain par l'État. Les terrains ont été achetés par nous de gré à gré et publiquement aux indigènes des oasis voisines. Avant nous, c'étaient des terrains nus et abandonnés, et, sans nous, ils fussent restés tels; car tous sont éloignés des oasis existantes, et les indigènes, de leur propre aveu, eussent toujours été hors d'état d'en tirer parti.

Il faut avoir visité les lieux, les avoir connus déserts et stériles, et les retrouver aujourd'hui habités et verdoyants, avec de petits villages pleins d'animation, avec des plantations s'étendant à perte de vue, pour se rendre compte de la somme d'efforts et d'activité qu'a exigée une pareille transformation, accomplie en aussi peu de temps!

IV

Le Sahara tunisien est également fort riche en eaux artésiennes, et l'on connaît la réussite des sondages d'exploration qui y ont été exécutés sur le littoral du golfe de Gabès, dans la région aujourd'hui connue sous le nom de «bassin de l'Oued Melah». On sait que ces forages ont été entrepris par M. de Lesseps et par le même groupe de capitalistes qui avaient soutenu le colonel Roudaire dans son projet de mer intérieure. Quant à la mer intérieure, elle est abandonnée, et il faut s'en féliciter; car c'était un rêve d'espérer qu'on transformerait le climat du Sahara en amenant l'eau de mer dans quelques chotts, et ce qu'il y avait de plus certain, c'est que l'en-

Fig. 4. — Bordj et plantations de l'oasis nouvelle d'Ourir.
(D'après une photographie de M. J. Demarçay.)

treprise eût entraîné des dépenses énormes, tout à fait hors de proportion avec les avantages à en retirer.

Le nouveau programme, beaucoup plus pratique que l'ancien, consiste à fertiliser par l'irrigation des terrains auparavant incultes et à exécuter dans le Sud tunisien la même œuvre de création agricole que l'Oued Rir' a déjà vu s'accomplir.

Les débits obtenus par les sondages du bassin de l'Oued Melah ont été très beaux; le n° 1 et le n° 3 ont donné 8,000 litres au jaillissement et le n° 4 a donné 6,000 litres. Malheureusement, le n° 1 est tombé à 2,000 litres, par suite d'un accident, et le n° 3 à 6,000 litres, à la suite du forage du n° 4, placé cependant à une distance de plus de 2 kilomètres; en outre, ces quelques puits ont déjà fait baisser les sources des oasis voisines. D'après cela, le bassin de l'Oued Melah n'est pas comparable, même de loin, aux belles parties du bassin de l'Oued Rir', ni comme volume, ni surtout comme pression de la nappe artésienne; son débit n'est susceptible que d'un accroissement fort limité, et son étendue est d'ailleurs assez restreinte.

D'après les renseignements que je tiens de l'obligeance de M. E. Blanc, la plaine côtière qui s'étend entre le littoral du golfe de Gabès et le massif montagneux des Troglodytes, — plaine allongée du Nord-Ouest au Sud-Est, que l'on englobe généralement sous le nom de régions de l'Aarad, — comprend ainsi une série de bassins artésiens locaux. Au Nord, on a le bassin de l'Oued Melah, dont nous venons de parler; au sud de celui-ci, c'est le bassin de Gabès, qui semble le plus important; puis, au Sud-Est, c'est le bassin de l'Aarad proprement dit, où il y a lieu de signaler le puits artésien romain de l'oasis de Mareth, qui débite environ 4,000 litres par minute.

Il est naturel que cette région de l'Aarad ait attiré l'attention des capitalistes désirant entreprendre la création ou l'exploitation d'oasis dans le Sud tunisien; car sa situation au bord de la mer offre des avantages évidents, au point de vue de l'économie et de la facilité des transports, pour l'exportation des produits agricoles en Europe. Au bord de la mer, il est vrai, il faut bien reconnaître que l'on ne peut guère compter sur le palmier comme élément sérieux de rapport : les dattes y sont de qualité très inférieure et sans aucune valeur pour l'exportation; cela tient aux conditions de climat que l'on rencontre sur le littoral, la sécheresse de l'atmosphère étant aussi nécessaire que la chaleur du soleil pour que la datte soit sucrée et savoureuse. En revanche, le climat du littoral est moins rude, plus clément et plus égal qu'à l'intérieur du Sahara, et par suite il permet sous les palmiers une plus grande grande variété de cultures.

Taudis que pour nous, dans l'Oued Rir', les cultures sous-

Fig. 5. — Vue intérieure des magasins de dattes du bordj de Sidi Yahia.
(D'après une photographie de M. J. Demarçay.)

jacentes ne sont que l'accessoire, elles seront forcément, dans l'Oued Melah, l'objet principal de l'exploitation.

V

L'Oued Rir' est une région privilégiée, l'Oued Melah une région intéressante du Sahara; mais ces régions sont loin d'être les seules auxquelles on puisse songer pour faire de l'agriculture et de la colonisation dans le Sud, et l'avenir nous réserve sans doute d'assister à la transformation de bien d'autres parties du désert, soit qu'ici l'on fasse sortir du sol les eaux artésiennes dont l'existence est encore ignorée, soit que là on capte et utilise les eaux qui s'écoulent le long de certaines vallées et sont actuellement perdues.

Il y a lieu de distinguer cependant, de spécifier celles des régions du Sahara algérien et tunisien dont la colonisation a vraiment chance de tirer parti, soit au point de vue agricole, soit au point de vue commercial, et d'avertir, au contraire, nos compatriotes qu'il n'y a rien à faire dans telle ou telle région. Après la vieille légende du Sahara, désert effrayant, partout sans ressources, il ne faudrait pas laisser non plus s'établir le roman du Sahara de l'avenir, couvert d'oasis et colonisé tout entier!

Une revue circulaire des diverses régions de notre Sahara français se placerait convenablement ici; mais je suis forcé de me restreindre, et je renverrai, — en ce qui concerne le Sahara algérien, que je connais plus particulièrement, — à ma brochure sur *l'Oued Rir' et la Colonisation française au Sahara*[1], où j'examine successivement les régions d'oasis du Sud oranais, du Mzab, du Zab occidental, central et oriental, de l'Oued Rir', du Souf et de Ouargla, — et en ce qui concerne le Sud tunisien, — à la récente communication que M. E. Blanc a faite à la *Société de géographie commerciale*[2] et dans laquelle il nous a parlé, en parfaite connaissance du pays, des régions d'oasis du Djerid, du Nefzaoua, du Nord des chotts et de l'Aarad.

L'irrigation, grâce à une meilleure utilisation des eaux souterraines et superficielles, voilà le seul et unique secret de tout ce qui a été fait et de tout ce qui sera fait de pratique, au point de vue agricole, dans le Sahara. Aussi me permettrai-je de renvoyer de nouveau à mon rapport sur l'*utilisation des eaux artésiennes du bas Sahara*[3].

On y trouvera, à propos de l'Oued Rir', une discussion au sujet de la crainte souvent exprimée de voir ce bassin artésien s'épuiser

[1] Challamel, éditeur.

[2] 6 avril 1889. — *Bulletin de la Société de géographie commerciale de Paris* (tome XI, n° 4).

[3] *Compte rendu détaillé des travaux du Congrès international de l'utilisation des eaux fluviales*, Exposition universelle de 1889.

par suite du grand nombre des sondages déjà effectués. Ainsi que je l'explique, le bassin de l'Oued Rir', pris dans son ensemble, est encore loin d'être arrivé à la limite du débit maximum dont il est susceptible; mais la limite est dès aujourd'hui atteinte dans certaines parties du bassin, et le moment est venu de prendre des mesures pour la sauvegarde des intérêts existants, indigènes ou européens.

A propos du Zab (ou des Zibans), je donne une description inédite du régime des sources naturelles du Zab occidental et central, — sources nombreuses et très importantes, mais dont la plus grande partie se perd sans profit pour l'irrigation des oasis et qu'on doit avant tout chercher à mieux utiliser : c'est le premier progrès pratique à réaliser dans cette région. Je traite ensuite la question, actuellement à l'ordre du jour, des sondages de recherche soit dans la partie Nord du Zab, comme à Biskra, soit dans la partie Sud de cette région, — question délicate et jusqu'ici assez mal connue. Pour le Zab oriental, j'esquisse un programme d'aménagement hydraulique, basé sur des barrages à construire sur les cours d'eau qui descendent de l'Aurès vers la plaine du chott Melrir.

A propos de Souf, j'indique l'intérêt de sondages de recherche à tenter, non plus seulement entre Biskra et El Oued, mais aussi entre le Souf et Tougourt, d'une part, et entre le Souf et Rhadamès, d'autre part.

A propos de Ouargla, je montre combien il est à souhaiter que l'œuvre des sondages, inaugurée en 1882 dans cette région, y soit poursuivie avec persévérance et, comme contre-partie des travaux de forage, je rappelle la nécessité de drainer convenablement les eaux d'irrigation de ce bas-fond, au moyen d'une grande tranchée à creuser vers le Nord, sur Negousa. Enfin j'insiste sur l'intérêt qu'il y aurait à entreprendre une série de forages en remontant l'Oued Igharghar vers le Sud, le long de notre ligne maîtresse de pénétration vers le Soudan, ligne qui de Ouargla se dirige sur Timassinin et Amguid.

Pour ce qui est du Sahara tunisien, on trouvera, dans la communication déjà citée de M. Blanc, beaucoup de renseignements agricoles, économiques et commerciaux, et de plus, des indications utiles sur les richesses en eaux artésiennes de ces régions, placées aujourd'hui sous le protectorat de la France.

Je ne saurais, il est vrai, souscrire aux affirmations de mon ami Blanc, quand il prétend, sans preuve, que le Sud tunisien offre à la colonisation française beaucoup plus d'avantages que le Sud algérien : disons plutôt que chacune de ces deux parties de notre Sahara a ses qualités propres, et souhaitons qu'il s'établisse entre elles une émulation féconde, sans admettre qu'on déprécie l'une au profit de l'autre.

Il n'est pas douteux que, dans un avenir prochain, le Sud tunisien s'ouvrira de plus en plus à la colonisation européenne, qui déjà s'est implantée, comme j'ai dit, sur le littoral de Gabès. A l'intérieur également on peut aller faire de l'agriculture, soit qu'on prenne des intérêts dans les magnifiques oasis du Djérid, soit qu'on cherche à développer certaines oasis du Nefzaoua par un meilleur aménagement des sources existantes ou par de nouveaux sondages, soit encore qu'on entreprenne des recherches d'eaux artésiennes dans des régions neuves, comme au sud du chott Djérid.

Il y a en perspective, dans cet ordre d'idées, toute une œuvre de transformation et de fertilisation à poursuivre tant dans le Sahara algérien que dans le Sahara tunisien, — œuvre de longue haleine, mais que le génie français saura mener à bien, j'en ai la confiance.

Assurément, il ne faut rien exagérer. Les régions colonisées ou colonisables du Sahara se comptent et sont limitées. Ce serait une grande illusion que d'espérer pouvoir irriguer la surface entière du désert au moyen de sondages et la transformer en un vaset jardin par les plantations de palmiers-dattiers. Les zones irrigables que l'on arrivera ainsi à mettre en valeur ne représentent malheureusement que d'infimes fractions des immensités désertiques, et cela, même dans le bas Sahara algérien et tunisien, c'est-à-dire dans la partie du Sahara la mieux dotée par la nature. Les oasis existantes ou à créer ne formeront jamais que des taches disséminées dans le désert : à peine la millième partie de sa surface totale.

Mais, en revanche, il importe de considérer la valeur que peuvent acquérir ces quelques zones irrigables et cultivables du Sahara.

J'ai avancé et je maintiens qu'un hectare complanté de palmiers-dattiers peut rapporter annuellement 1,000 francs, net des frais d'exploitation, en supposant une irrigation abondante et en admettant une proportion suffisante de dattiers de variété fine dans les plantations.

Planter un hectare de palmiers, c'est donc créer, au taux de capitalisation de 10 p. o/o, une valeur de 10,000 francs. Pour cela, j'évalue à 5,000 francs le montant des dépenses de premier établissement et d'entretien jusqu'au rapport des plantations, quand on opère sur une large échelle.

Planter 50,000 palmiers, comme nous avons fait (à raison de 200 palmiers par hectare), c'est créer une valeur de 2,500,000 fr. Doubler le nombre des palmiers de l'Oued Rir', comme je crois qu'on peut espérer y arriver, en créant de nouveaux centres loin des oasis existantes, ce serait créer une valeur de 30 millions.

Qu'on fasse de même dans les autres régions colonisables du bas Sahara algérien et tunisien, qu'on utilise mieux les eaux souterraines et superficielles (car c'est là, je le répète, tout le secret), et il n'est pas impossible qu'on arrive ainsi peu à peu à augmenter de 100 millions la valeur de cette partie du sol national.

Notre exemple n'eût-il contribué qu'à faire accomplir ces choses par nos compatriotes, que nous croirions avoir fait œuvre bonne et utile pour le pays.

Aujourd'hui le problème de la mise en valeur des régions irrigables du Sahara peut être considéré comme résolu. Ce qui importe désormais, c'est de bien faire connaître quelles sont les régions à mettre en valeur et de faciliter la tâche des nouveaux venus dans la phalange des colons sahariens.

A cet égard, l'État a un double rôle à remplir, dans l'intérêt de tous.

Il doit prendre en main la question capitale d'une meilleure utilisation des eaux du Sahara : d'une part, faire construire par ses ingénieurs une série de barrages sur les cours d'eau qui débouchent au nord des chotts algériens et tunisiens, — barrages de retenue dans les gorges encaissées des montagnes, barrages de dérivation dans les plaines, — et, d'autre part, augmenter le nombre des ateliers militaires de forages dans le Sud, leur faire exécuter une série de sondages d'exploration convenablement dirigés et les envoyer à la découverte de nouvelles richesses d'eaux artésiennes, encore inexploitées. Vu les dépenses élevées qu'entraîneraient ces travaux, il est plus que douteux qu'ils puissent raisonnablement être entrepris et poursuivis par les capitaux privés.

L'État doit ensuite achever ou plutôt donner à l'industrie privée les moyens d'achever le réseau des chemins de fer de pénétration vers le Sud algérien, de manière à garantir toute sécurité aux entreprises françaises de colonisation au Sahara et à seconder efficacement leur action dans ces parages lointains. C'est là une question capitale, sur laquelle je tiens à dire quelques mots pour terminer.

VI

Les chemins de fer de pénétration vers le Sud algérien, c'est-à-dire ceux qui, dans les trois provinces, se dirigent perpendiculairement au littoral et pénètrent ou doivent pénétrer dans l'intérieur, ont aujourd'hui des partisans de plus en plus nombreux, dont certains font autorité. M. Paul Leroy-Beaulieu, dans son grand ouvrage sur *l'Algérie et la Tunisie*[1], déclare que nous ne devons pas hésiter à procéder résolument à la construction de ces chemins de fer, et il inscrit en première ligne, comme le plus important et le plus pressé, le chemin de fer de Biskra à Ouargla par l'Oued Rir'.

A plusieurs reprises, au cours de l'exposé qui précède, j'ai moi-même parlé de l'utilité que présenterait le prolongement de la voie ferrée de Biskra sur Tougourt et jusqu'à Ouargla.

L'an dernier, dans une conférence à l'*Association française pour l'avancement des sciences*, j'ai traité spécialement de cette ligne si importante de pénétration, et je crois avoir démontré clairement qu'elle se justifiait par des considérations *d'ordre purement algérien* et s'imposait au triple point de vue stratégique, politique et colonial[2].

Sans vouloir aujourd'hui reprendre le sujet dans son entier, je rappellerai simplement quelques-uns des principaux arguments qui militent en faveur de la prompte exécution de cette ligne.

Et d'abord, je répéterai qu'à mon sens il ne saurait être question ici, — pour le moment, tout au moins, — que d'un petit chemin de fer à voie étroite, à construire très économiquement, à très bon marché, à exécuter sommairement et rapidement, et à exploiter ensuite aussi simplement que possible. Comprise ainsi, la ligne de Biskra-Tougourt-Ouargla ne constituera nullement, malgré la garantie d'intérêt, une charge pour l'État.

Cette ligne permettra de réaliser immédiatement des économies beaucoup plus considérables qu'on ne veut l'avouer, sur les transports militaires et sur les colonnes d'opération dans les régions de Ouargla, de Tougourt et du Souf. Mais surtout la grande, l'énorme économie que les lignes de pénétration permettront de réaliser, c'est la suppression des insurrections dans l'avenir. J'ajouterai qu'il ne s'agit pas seulement d'une question d'économie en temps de

(1) Guillaumin et Cie, éditeurs.

(2) G. Rolland. — Le chemin de fer de Biskra-Tougourt-Ouargla. (En vente chez Challamel, éditeur.)

paix : faire disparaître le danger d'une insurrection en Algérie, dans le cas de guerre en Europe, et pouvoir réduire alors autant que possible l'effectif des troupes à immobiliser hors de France, n'est-ce pas pour nous une question d'intérêt national?

L'histoire de l'Algérie est là pour nous prouver le rôle prédominant que l'élément nomade, élément redoutable par son excessive mobilité, a toujours joué dans les insurrections, et pour nous démontrer que, tant que nous n'aurons pas maîtrisé entièrement les nomades sahariens, nous ne pourrons dire que nous sommes certains de maintenir les tribus intermédiaires entre le Sahara et le Tell, ni les indigènes du Tell. Or, pour dominer les nomades, le vrai moyen, c'est de les prendre à revers, de se porter en arrière de leurs parcours et de mettre la main sur leurs centres de ravitaillement; pour cela, il faut non seulement établir des postes d'occupation suffisamment avancés, en des points convenablement choisis, mais encore il faut relier ces postes au littoral par des voies ferrées, permettant de transporter rapidement et sans fatigue nos troupes à l'endroit voulu et leur donnant, pour ainsi dire, le don d'ubiquité.

Cela est aussi vrai dans l'Est que dans l'Ouest.

Dans l'Ouest, l'insurrection de Bou Amena démontra, il y a quelques années, la nécessité de prolonger la ligne d'Arzew-Saïda jusque dans le Sud oranais : ce qui est fait aujourd'hui.

Dans l'Est, la ligne de Biskra à Ouargla reste à faire, et, en toute impartialité, elle est plus urgente que la ligne centrale de pénétration d'Alger à Laghouat, ne fût-ce que parce que cette dernière sera encadrée par les deux lignes de pénétration latérales de l'Ouest et de l'Est.

En deux ans, on peut prolonger la voie ferrée jusqu'à Ouargla, et Ouargla est notre objectif clairement indiqué de ce côté, tant à cause de sa position stratégique, sans rivale dans le Sud, que comme centre de production de beaucoup le plus important des Chaamba nomades.

Dût-elle n'avoir pas de trafic, que cette ligne de Biskra-Tougourt-Ouargla devrait être faite. Mais, loin de là, elle aura la bonne fortune de traverser précisément les principales régions d'oasis du Sahara algérien (les Zibans, l'Oued Rir' et Ouargla), les plus importantes comme production actuelle ou future, les seules qui soient colonisées ou colonisables; elle desservira en outre, dans une certaine mesure, les oasis du Souf, à l'Est, et une partie de la région de Mzab, à l'Ouest.

Il existe, dès maintenant, un mouvement considérable d'échanges entre Biskra, Tougourt et Ouargla, ainsi que dans les régions avoisinant cette ligne, et tout ce mouvement commercial, qui se fait actuellement par chameaux, ira infailliblement au chemin de fer. La locomotive supplantera le chameau : cela est forcé.

Peut-on douter ensuite que le trafic de cette ligne ne soit appelé à augmenter? Et n'en est-il pas toujours ainsi quand le chemin de fer arrive dans un pays neuf et susceptible de développement, comme c'est le cas pour l'Oued Rir' et aussi pour la région de Ouargla? Dans l'Oued Rir', le chemin de fer viendra décupler nos moyens d'action; le bassin d'eaux artésiennes, qui fait la richesse de cette belle région, est loin d'avoir donné, comme le dit éloquemment M. Élisée Reclus, « la mesure de sa force productrice en végétation et, par conséquent, en vies humaines. »

Enfin une autre considération milite en faveur de la ligne de Biskra-Ouargla : cette ligne serait la première section du *chemin de fer transsaharien,* destiné à relier l'Algérie au Soudan, suivant le tracé exploré par Flatters et qui, selon moi, est le vrai *tracé français :* tracé passant par Amguid, au cœur même des régions touareg, et pouvant d'Amguid obliquer à volonté vers le coude du Niger et le Soudan occidental ou vers le lac Tchad et le Soudan central.

Le projet du Transsaharien a traversé une période de défaveur irréfléchie, à la suite du lamentable désastre qui mit fin à la mission Flatters; mais un revirement commence à se produire. Pour ma part, je ne suis pas de ceux qui décrètent, dans leur sagesse, que c'était là une conception irréalisable et antiéconomique : je crois, au contraire, que l'idée est grande et féconde, qu'elle sera reprise, j'espère, prochainement, et que, sans le Transsaharien, la France ne pourra rien entreprendre d'utile ni de durable au Soudan.

A ceux qui voudraient se faire une conviction sur le rôle et l'avenir de la France en Afrique et sur la question même du Transsaharien, — que des esprits sérieux et clairvoyants considèrent comme d'un intérêt capital pour notre pays, — je conseillerai la lecture attentive d'un ouvrage vraiment magistral, intitulé : *la Conquête pacifique de l'intérieur africain*[1], paru au commencement de cette année et dû au général Philebert.

En Algérie, le Transsaharien ne manque pas de partisans. Chaque province a même son tracé. La Tunisie a également le sien.

A mon sens, les tracés qui partent du Sud oranais et du Sud tunisien soulèvent des objections telles au point de vue international, qu'en l'état actuel ils n'ont aucune chance de réalisation.

Adopter le tracé du Sud de la province d'Alger, ce serait choisir bénévolement, pour la traversée du Sahara algérien, les régions les plus arides et les plus irrémédiablement stériles.

Seul le tracé qui part du Sud constantinois réunit ces trois avantages : offrir une base solide d'opération, à Biskra, en pleine Algérie; ne soulever, chemin faisant, aucune difficulté diplomatique; présenter des ressources propres, actuelles ou futures, le long de la route. C'est là, sans contredit, notre ligne de pénétration par excellence vers le Soudan. C'est en même temps une ligne artésienne de premier ordre, — ligne qui traverse d'abord les grands bassins de l'Oued Rir' et de Ouargla, que nous pourrons facilement au delà jalonner de points d'eau tout le long de l'Oued Igharghar, et sur le parcours de laquelle nous rencontrerons encore les bas-

[1] En vente chez Leroux, éditeur.

sins artésiens de Timassinin et d'Amguid, où nous obtiendrons des eaux jaillissantes et où nous créerons des oasis artificielles, de nouveaux centres de populations, des comptoirs d'échanges, etc.

Mais entrer plus avant dans la question du Transsaharien serait sortir du cadre de cette conférence, qui avait spécialement pour objet la colonisation saharienne.

J'ai tenu cependant à la signaler en quelques mots. Lorsque l'on étudie la colonisation saharienne, on est amené forcément à conclure à la nécessité du chemin de fer de Biskra-Tougourt-Ouargla, c'est-à-dire de la première section du Transsaharien; or le prolongement suivra fatalement.

Dans quelques années, les esprits se seront acclimatés à toutes ces idées nouvelles, et l'on trouvera aussi naturel de traverser le désert en chemin de fer qu'on trouve déjà naturel aujourd'hui de le voir fertilisé par la sonde artésienne.

Quant à nous, colons de l'Oued Rir', nous pourrons revendiquer notre part de mérite dans cette évolution de l'esprit public et dans les résultats féconds qui en découleront; car nous aurons contribué, tant par l'exemple de nos travaux que par la persévérance de notre propagande, à ramener l'opinion, devenue indifférente, sur la question d'intérêt général que la France a pour mission de résoudre au Sahara et, au travers du Sahara, dans le nord de l'Afrique.

www.ingramcontent.com/pod-product-compliance
Lightning Source LLC
LaVergne TN
LVHW020259230826
846091LV00006B/2481

* 9 7 8 2 0 1 2 4 6 1 3 3 8 *